Das Buch vom Butterbrot

Elke Kößling

vgs

Eine Ode an das Butterbrot

Irgendwann kommt er garantiert, der kleine Hunger zwischendurch. Natürlich könnte man nun zum Türken an der Ecke gehen und einen Döner essen. Oder sich eine große Portion Pommes kaufen, mit Ketchup oder Mayo. Bratwurst wäre sicher auch eine Alternative. Ein belegtes Baguette würde garantiert seinen Dienst tun und den Hunger stillen. Manch einer mag auch zu Sushi oder Sandwich greifen. Aber das Wahre ist das alles nicht. Die endgültige Antwort auf die Frage, wie man Hungerattacken schnell und unwiederbringlich bekämpft, ist und bleibt das gute, alte Butterbrot!

Döner und Baguette mögen zwar das Loch im Magen füllen, aber ein Butterbrot kann mehr. Es sättigt nicht nur zu allen Tages- und Nachtzeiten, sondern weckt Kindheitserinnerungen und, wenn's sein muss, tröstet es erfolgreich über schlechte Noten, gescheiterte Liebesbeziehungen und eine Programmänderung im Fernsehen hinweg.

Die Zutaten finden sich zudem in fast jedem Haushalt, und, ganz gleich, ob Käse, Aufschnitt oder Marmelade, ob Senf, Tomate oder Remoulade – jede flugs geschmierte Schnitte ist selbstverständlich frisch, garantiert einmalig und trotzdem kein „Fast Food". Außerdem bleibt die Küche bei der Zubereitung (in der Regel!) relativ sauber, und auch der Verzehr erfordert nur geringen Aufwand, denn die Stulle schmeckt fast immer, ob im Stehen in der Küche oder auf der Couch vorm Fernseher.

Das Butterbrot ist hausbacken und altmodisch, zuverlässig und nahrhaft, ein treuer Begleiter in allen Lebenslagen und manchmal sogar Balsam für die Seele. Millionen Menschen in Deutschland und Mitteleuropa greifen regelmäßig zur Stulle – und sie tun dies nicht nur zur Frühstückszeit. Das Butterbrot ist so gut und allgegenwärtig, dass es keine Fernsehwerbung nötig hat. Umtriebige Firmen mögen sich zwar süße und herzhafte Snacks ausdenken und versuchen, das Butterbrot mit überbackenem Baguette aus der Tiefkühltruhe oder mit unsäglichen „Lunchpaketen" zu verdrängen. Aber gelingen wird es ihnen nicht. Denn: Das Butterbrot lebt – und seine Erfolgsgeschichte ist noch lange nicht gegessen!

Dieses Buch versteht sich als Ode an das Butterbrot. Es feiert seine Bodenständigkeit und möchte an glückliche Kindertage erinnern.

Hier finden Sie alles Wesentliche rund um die schnittigste Versuchung, seit es Abendbrot gibt, alles über die hohe Kunst des etwas anderen Pausenbrotes und schließlich sämtliche Klassiker und Legenden der jahrhundertealten Brotgeschichte.

Guten Appetit und immer ein Butterbrot in Reichweite wünscht

Elke Kößling

Das
Butterbrot

Eine Begriffsdefinition

Was macht das Butterbrot eigentlich zum Butterbrot? Was zum Klassiker der heimischen Küche? Worin unterscheidet es sich vom Sandwich, belegtem Brötchen & Co.? Um dies zu klären, schauen wir zunächst einmal etwas genauer hin:

Die Basis eines jeden Butterbrotes ist – natürlich – das Brot, möglichst frisch und in Scheiben geschnitten. Wahre Könner halten sich dazu das Brot vor den Bauch und wirbeln das Brotmesser gekonnt durch den Laib. Andere, weniger Geübte, schneiden erst darauf los, wenn das Brot sicher auf einem Brettchen liegt. Als völlig unsportlich gilt hingegen die Brotschneidemaschine. Tja, und manch einem bleibt halt doch nur der Gang in den Supermarkt und der Griff nach „frisch" verpacktem vorgeschnittenem Plastiktütenbrot.

Hier allerdings scheiden sich der Butterbrot-Feinschmecker vom Fast Food-Konsumenten: Erstere zelebrieren ihr Butterbrot feierlich von der Auswahl der Komponenten (selbst beim Brotmesser sind sie wählerisch) über die Zubereitung bis hin zum Verzehr. Letztere dagegen haben vor allem Hunger, der durch einen „ambulanten Imbiss" schnellstmöglich und anhaltend befriedigt werden soll. Denn hier differenziert sich das Butterbrot selbst in seiner schnellsten Version von anderem handelsüblichen Fast Food, das selten mehr als Fett, Kalorien und Geschmacksverstärker bieten kann. Ein Butterbrot hingegen hat Nährwerte, die garantieren, dass der Magen nicht schon nach kurzer Zeit wieder nach Sättigung verlangt.

Das klassische Butterbrot wird, wie der Name schon sagt, dick mit Butter bestrichen. Diätenwahn und der Lauf der Zeit haben allerdings auch Butterersatzstoffe wie Margarine brotfähig gemacht. Selbst Kreationen wie Mayonnaise, Salatcreme aus der Plastikflasche und Ketchup dürfen in vielen Haushalten mitreden.

Butterbrot-Fans legen besonders großen Wert darauf, dass ihr Lieblingsnahrungsmittel „offen" daherkommt. Mit anderen Worten: Das, was schließlich auf das Brot kommt – ganz gleich ob Wurst, Käse, Marmelade und/ oder Salat –, darf auf keinen Fall durch eine zweite gebutterte Brotscheibe abgedeckt werden. Erlaubt ist die zugeklappte Version nur, wenn das Butterbrot zum mobilen Einsatz kommen soll, um in der Pause in Schule und Beruf oder – auch sehr beliebt – in Zug oder Straßenbahn verzehrt zu werden.

Damit ließe sich abschließend folgende Definition kurz und prägnant formulieren: Bei einem Butterbrot handelt es sich obligat um eine Scheibe Brot plus Schmiermittel plus, wahlweise, Zubrot von süß bis salzig. Der Verzehr erfordert in der Regel kein Besteck als Hilfsmittel.

Grundausstattung für die Zubereitung

Küchenutensilien

Messer

Zum Schneiden des Brotes ist ein scharfes Brotmesser ideal. In der Regel erkennt man es an seiner ca. 20 cm langen Klinge, die ein Zackenmuster aufweist. Bei kleineren Broten tut es zur Not auch ein Brötchenmesser. Eine Brotschneidemaschine ist unter Butterbrot-Gourmets zwar nicht gern gesehen (siehe „Begriffsdefinition"), kann allerdings vor unliebsamen Verletzungen schützen – hier ist eine gesunde Selbsteinschätzung manchmal Gold wert! Zum Schmieren eines Butterbrotes eignet sich im Prinzip jedes handelsübliche Tafelmesser. Vorzuziehen ist jedoch das bereits erwähnte Brötchenmesser, da seine Klinge breiter ist.

Brettchen

Es soll ja Menschen geben, die ganz auf das Brettchen verzichten und den eigenen Unterarm zum Schneiden des Brotes benutzen. Achtung: Hier sollten wirklich nur Könner ans Werk. Weitaus verbreiteter und für den Normalbürger aus Gesundheitsgründen auch entschieden empfehlenswerter ist da schon das auf Küchentisch oder Arbeitsfläche positionierte Brettchen, das groß genug sein sollte, um dem Brot eine sichere und feste Unterlage zu bieten.

Das Material der Schneidebrettchen ist für die Butterbrotzubereitung letztlich nicht von Bedeutung, der Vollständigkeit halber hier jedoch ein kurzer Überblick über die gängigsten Materialien:

Holz: gibt es naturbelassen oder auch in der dunklen Teak-Variante. Es empfiehlt sich, das Holzbrettchen nach dem Kauf mit Öl einzureiben.

Vorteil: Holzbretter sehen rustikal aus und sind vergleichsweise preiswert.

Nachteil: Schnittmuster überziehen das Brettchen schon nach kurzer Zeit. Werden auch andere Butterbrotzutaten wie Zwiebeln auf dem Holzbrettchen geschnitten, kann es schnell unansehnlich werden und auch einen üblen Geruch annehmen.

Melanin: Dabei handelt es sich um ein Material, das in der Regel farbig daherkommt. Von Blümchenmuster über Tierabbildungen bis hin zu ländlichen Szenen ist hier alles möglich.

Vorteil: Melanin bringt Farbe in die Küche und den Alltag.

Nachteil: Zu häufiges Spülen führt zu Auflösungserscheinungen.

Kunststoff: In der Regel gelangen reinweiße Kunststoffbretter in den Handel.

Vorteil: Die weißen Brettchen eignen sich besonders gut für moderne Küchen, in denen Edelstahl den Ton angibt.

Nachteil: Ähnlich wie das Holzbrettchen, leidet auch der Kunststoffkollege an Schnittmustern und BO (Body Odour). Da hilft nur regelmäßiges Ersetzen.

Ist das Brot erst einmal in handliche Scheiben geschnitten, benötigt man eine Unterlage, auf der die Scheibe mit Butter oder Ähnlichem versehen werden kann.

Minimalisten bedienen sich dafür der Schneideunterlage selbst oder auch ganz profan der Oberfläche des Kühlschranks, des Herds oder anderer Arbeitsflächen im Küchenbereich. Freestyle-Artisten mit entsprechend großen Händen können das Butterbrot selbstverständlich auch auf der Hand schmieren.

Nahrungsmittel

Brot

Dem Butterbrot-Fan stehen in Deutschland theoretisch weit über 100 Brotsorten zur Verfügung. Da es sich dabei aber häufig um regionale Spezialitäten handelt, reduziert sich die tatsächliche Verfügbarkeit bei einem gut sortierten Bäcker auf ungefähr 30 Sorten, die in der Regel täglich frisch gebacken werden und nur wenige Tage wirklich gut schmecken. Darüber hinaus gibt es im Supermarkt länger haltbare Brotsorten wie das aus Skandinavien stammende Knäckebrot, von dem man für den Notfall, d. h. wenn alle Bäcker und auch andere Brot verkaufende Geschäfte geschlossen haben, ein Päckchen im Schrank haben sollte.

Die angebotenen Brotsorten variieren zunächst einmal im Grundteig: Alternativen sind Sauer- oder Hefeteig. In manchen Fällen kommt es auch zum Einsatz von Backpulver als Backtriebmittel. Angeblich verdanken wir den Sauerteig einem schusseligen Ägypter, der vor ungefähr 5.000 Jahren seinen Teig wie gewohnt herstellte und sich dann anderen Aufgaben zuwandte. Dabei vergaß er völlig, dass sein Teig in der Sonne stand und leise vor sich hin gor. Nicht willens, den aus guten Zutaten hergestellten Teig in den Müll zu werfen, stellte er aus dem vergorenen Teig einen Brotlaib her, den er wie gewohnt backte. Und, oh Wunder, das Ergebnis war ein wunderbar lockeres, herzhaftes Brot, wie es auch heute noch von unseren Bäckern hergestellt wird.

Von seinem Produkt ganz begeistert, stellte besagter schusseliger Ägypter seine zufällige Entdeckung als großartige Erfindung dar, die er einer Eingebung der Götter zu verdanken hätte. Zeigte doch der Sauerteig Charaktereigenschaften, die man nur mystisch nennen konnte: Vermischte man ein wenig Sauerteig mit frischem Mehl und Wasser, pflanzte er sich wie ein Lebewesen von selbst fort. Entsprechend heilig war den Ägyptern ihr Sauerteig, der in den Häusern genauso sorgfältig aufbewahrt und gehütet wurde wie das Feuer.

Unterschiedliche Zutaten wie Roggen- oder Weizenmehl, Vollkorn oder „Type 405", dazu Körner von Sesam über Mohn bis hin zu Sonnenblumen- und Pinienkernen (um nur eine kleine Auswahl zu nennen) stellen heute die Grundlage dar für viele verschiedene Brotsorten. Auch Kartoffeln, Kürbis, Oliven, Tomaten und Zwiebeln finden ihren Weg in den Brotteig.

Butter & Co.

Butter ist das traditionelle „Schmiermittel" beim Butterbrot. Sie besteht zu über 80 % aus Fett und maximal 16 % Wasser, daneben finden sich Eiweiß, Milchzucker, Lecithin, Vitamine und Mineralstoffe. Man unterscheidet drei Buttersorten: In deutschen Supermarktregalen dominiert heutzutage die mildgesäuerte Butter, die, wie ihr Name schon sagt, mild-säuerlich schmeckt. Süßrahmbutter wird aus frischer Sahne hergestellt und ist frisch, mild und sahnig im Geschmack. Manch ein Butterbrot-Fan greift auch gerne zur guten, alten Sauerrahmbutter. Sie ist frisch und nussartig im Geschmack, der durch aroma- und säurebildende Bakterien entsteht. Salz oder kein Salz, ist dann noch eine Frage, und wenn ja, ob dann bereits in der Butter oder erst aus dem Salzstreuer oder der Salzmühle auf das Brot.

Wenngleich wir uns die Butter nicht vom Brot nehmen lassen und Margarine wirklich keine Alternative zur guten alten Butter darstellt, hier dennoch eine nette kleine Anekdote zu ihrer Entstehungsgeschichte:

Die „Erfindung" der Margarine haben wir dem französischen Kaiser Napoleon III. zu verdanken. Landflucht in Folge der zunehmenden Industrialisierung hatten Butter und Schmalz zu teuren Luxuslebensmitteln werden lassen. In Sorge um die körperliche Konstitution seiner Soldaten und somit der Schlagfähigkeit der französischen Armee, beauftragte er im letzten Viertel des 19. Jahrhunderts den Chemiker Megè-Mouriès mit der Entwicklung eines preiswerten Butterersatzstoffes – eben der Margarine.

Wider Erwarten konnte sich die Margarine durchsetzen und heute gibt es die unterschiedlichsten Sorten im Handel, von der normalen Haushaltsmargarine bis hin zur Halbfett- und Diätmargarine – zum Kochen, Backen oder eben Brote schmieren.

Doch die Zeiten haben sich glücklicherweise geändert und wir alle können heute getrost und mit guten Gewissen zur Butter greifen.

Käse, Aufschnitt, Marmelade ...

Der mehr oder minder ausgeprägte Eigengeschmack des Brotes bedingt natürlich auch den Griff zu entsprechend mild bzw. deftigem Belag. Stark vereinfacht lässt sich Folgendes konstatieren:

Dunklere Brotsorten wie Roggenbrot passen am besten zu Aufschnitt und Pasteten, Vollkornbrot und Pumpernickel am ehesten zu herzhaften Käsesorten, helles Brot – das in der Regel auch weniger Eigengeschmack besitzt – eignet sich am besten für Schmier- und leichtere Käsesorten.

Aber natürlich gilt auch hier, erlaubt ist, was schmeckt, erlaubt ist, was sich im Kühl- und Vorratsschrank findet, einzeln oder auch in Kombination. Deutsche Wursttheken und ihr reichhaltiges Angebot an Aufschnitt sind weltweit legendär und von einem Mangel an einem ausreichenden Angebot an Käse kann gar nicht die Rede sein. Süßes ist mitunter auch nicht zu verachten. Und Exotikfans haben sich ja schon längst vom klassischen Käse- oder Wurstbrot verabschiedet. Inspiriert von fremdländischer Speisenvielfalt finden Anchovis, Avocados, Sardinen, Sojasprossen und Pesto ihren Weg auf das heimische Butterbrot. So wird es zum ernsthaften Konkurrenten von Sushi, Frühlingsrolle, Pizza und Co. In Kombination mit diesen nicht nur sehr schmackhaften und abwechslungsreichen, sondern vor allem auch nahrhaften und fettarmen Zutaten fällt auch der Griff zur Butter wieder leichter.

Ein Blick in die Geschichte

Am Anfang war der Mehlbrei, dann kam das Fladenbrot. Geröstet auf Steinen ergänzte es die Nahrung der Jäger und Sammler auf schmackhafte Weise. Es hat sich erfolgreich bis ins 21. Jahrhundert gerettet, wenn inzwischen auch andere Backmethoden überwiegen.

Von den alten Ägyptern und ihrer Vorliebe für aus Sauerteig gebackenes Brot war schon die Rede. Die Juden des Alten Testaments waren sich nicht so sicher, was sie von dem gesäuerten Brot halten sollten. Durch die Säuerung erschien es ihnen unsauber, sodass sie es sicherheitshalber aus Tempeln und Synagogen verbannten. Aber gut schmeckte es ihnen doch. So gut, dass ihnen per Vorschrift einmal im Jahr in der gesamten Passahwoche der Genuss von gesäuertem Brot verboten wurde. Deshalb gibt es übrigens beim Abendmahl nur ungesäuertes Brot – kann man alles in der Bibel nachlesen.

Nun besteht Brot nicht unbedingt aus Mehl und Wasser allein. Aber darauf kamen erst die Griechen, denen nachgesagt wird, dass wir ihnen den Zusatz von Milch, Eiern, Fett und Gewürzen zu verdanken haben. Die Gallier haben dann angeblich den Einsatz von Hefe als Triebmittel entdeckt, aber es dauerte noch bis zur Mitte des 19. Jahrhunderts, bis deutsche Bäcker regelmäßig Backhefe verwendeten. Durch Zufall war man darauf gekommen, dass Bierhefe Brot von innen aufgehen lässt. Aus Stärke und Zucker entsteht dank der Hefe Kohlensäuregas, Alkohol und Kohlendioxid, das im Teig kleine Bläschen bildet.

Ursprünglich wurde für das Brotbacken Weizen und Hirse verwendet. In Europa herrschte seit der

Völkerwanderung im 4. bis 6. Jahrhundert der Roggen vor, der allerdings im 18. Jahrhundert wiederum vielfach durch Weizen ersetzt wurde. Der bereits erwähnte Getreidebrei wurde in Mitteleuropa seit dem 8. Jahrhundert weitgehend durch das Brot verdrängt.
Es dauerte ungefähr 100 Jahre, bis das Backen zum Gewerbe wurde. Vor allem in Ländern, in denen gesäuertes Brot als unfein galt, wie zum Beispiel in Frankreich oder Italien, genossen Bäcker ein ziemlich hohes Ansehen. War es doch eine besondere Kunst, ohne Backhefe ein luftiges Weißbrot zu backen. Es galt, den Sauerteig so zu ziehen, dass sich möglichst wenig Säure darin bildete und der natürliche Hefeanteil überwog.

Spätestens im 12./13. Jahrhundert wurde Brot in Europa zu einem der wichtigsten Nahrungsmittel, dem Sagen, Legenden und Riten schon seit alters her Tribut zollen. Vielen Ackerbau treibenden Völkern gilt das Brot auch heute noch als heilig, geweihtem Brot werden besondere Wirkungen zugeschrieben. Fast ganz Europa backt zu wichtigen kirchlichen Jahres- oder Familienfesten besonderes Brot, das man Gebildbrot nennt. Kreuzbrot gehört dazu, ebenso wie Fastnachtsgebäck oder das Osterbrot. Brot wurde, meist zusammen mit Salz, als Zeichen der Gastfreundschaft oder bei Hochzeiten als Symbol für Ehe und Familie überreicht.

Nun hatten wir also im Hochmittelalter das Brot, das aber immer noch recht trocken daherkam. Es sei denn, das Brot wurde in die Biersuppe getunkt. Von Butter fehlte weit und breit noch jede Spur. Doch es sollte nicht mehr lange dauern, bis die Butter ihren Siegeszug über Deutschlands Schnitten antrat.

Salzkonservierung war der Schlüssel dafür. Denn nun konnte die Butter, die in Skandinavien (allen voran Dänemark) und den Niederlanden im Überschuss hergestellt wurde, durch Salz haltbar gemacht und fassweise in die deutschen Hansestädte geliefert werden. Schon bald galt das Butterbrot als Lieblingsessen der Bauern und Bürger. Erste urkundliche Quellen erwähnen es bereits Mitte des 14. Jahrhunderts. So nennt eine Verordnung des Bremer „Krameramtes" von 1339 über festliche Mahlzeiten „botter unde Texter kese" als letzten Gang. Daran hat sich bis heute nichts geändert.

Butterbrot-Forscher und Historiker erwähnen gerne den Reformator Martin Luther, der in einem Brief des Jahres 1525 die „Putterpomme" als beliebte Kindernahrung nennt. Dem entspricht auch eine Darstellung des Butterbrotes durch Pieter Bruegel dem Älteren, der 1568 in seinem Gemälde „Bauernhochzeit" ein Kind zeigt, in dessen Schoß ein angebissenes Butterbrot liegt.

Das Butterbrot im täglichen Einsatz

Ob als Trösterle, Hungerstiller oder Nervennahrung, ob zu Hause oder unterwegs – dem Einsatz des Butterbrots im täglichen Leben sind keine Grenzen gesetzt. Das Butterbrot erweist sich dabei auch noch als gesellschaftsübergreifend. In der Regel entscheidet der Blick in den Kühlschrank über die spontane Zusammenstellung. Häufig, wenn das Leben mal wieder nicht so läuft, wie es soll, werden Kombinationen aus der Kindheit nachkreiert, um den notwendigen Trosteffekt zu erzielen.

Keine Stunde des Tages vergeht, an dem ein Butterbrot nicht gemacht und gegessen werden könnte. Schon manch einer fand sich mitten in der Nacht am Kühlschrank ein, um dem plötzlichen Mitternachtshunger mit einer Scheibe Brot, dick mit Käse oder Wurst belegt, den Garaus zu machen. Müsli und in Milch aufgeweichte Cornflakes können einem anständigen Frühstücksbrot, egal ob mit Marmelade oder Leberwurst bestrichen, kaum das Wasser reichen. Das Pausenbrot schmeckt auch schon im Bus oder im Auto auf dem Weg zur Schule oder ins Büro. Als Reiseproviant verpackte Butterbrote werden gerne bereits im heimatlichen Bahnhof aus der Pergamenttüte geholt. Natürlich dürfen Butterbrote tagsüber auch zu Hause verzehrt werden, als Snack zwischendurch oder auch als kleine Mahlzeit. Tja, und dann gibt es noch das Abendbrot, das traditionell die Familie zu belegten Broten um den Tisch versammelt. Aber Schnittchen sind auch gesellschaftsfähig – bei Familienzusammenkünften werden sie ebenso gerne rundgereicht wie bei Feiern im Büro. Als Canapé haben sie sich auf Stehempfänge hochgedient, als Sandwich sind sie sogar hoffähig geworden. Der Earl of Sandwich (1718–1792) war es leid gewesen, ständig vom Kartentisch weggerufen zu werden, nur um an einem anderen Tisch eine Mahlzeit zu sich zu nehmen. Also gab er seinem Personal den Auftrag, kalten Braten so zwischen zwei Weißbrotscheiben zu betten, dass er das Ganze ohne Probleme auf der Faust essen konnte, ohne sein geliebtes Kartenspiel zu unterbrechen.

Die folgenden Rezepte sind als Anregungen zu verstehen. Schauen Sie in den Kühlschrank – auch der leerste Vertreter seiner Art hat garantiert einige Zutaten für ein Butterbrot zu bieten. Egal, ob Roggenbrot mit Butter und Kräutern oder Weißbrot mit Schokoladenraspeln oder von mir aus auch Käse mit Marmelade: Hauptsache, es schmeckt!

Das Frühstücksbrot

Das gemeine Butterbrot ist für viele die schnelle und schmackhafte Alternative zu Brötchen und Croissant. Nicht jeder hat Lust, sich schon morgens zeitig, sozusagen vor dem Aufstehen, auf den Weg zum Bäcker zu begeben, um dort frische, knackige Brötchen zu erstehen. Und Aufbackbrötchen sind ja wirklich nicht der Hit. Auch Müsli und Cornflakes – so gesund sie auch sein mögen – sind nicht jedermanns Sache.

Morgens darf es durchaus süß auf dem Butterbrot zugehen, schokoladig und fruchtig. Selbst gemachte Marmeladen sind ein besonderer Genuss, nicht nur, weil man dann auch ganz bestimmt weiß, was in der Marmelade außer den Kirschen und Erdbeeren drin ist. Honig vom Imker ist nicht nur süß, sondern auch gesund.

Ein absoluter Hochgenuss für Groß und Klein ist der Schokoladenaufstrich, den es in Deutschland noch nicht einmal seit 40 Jahren gibt.

Nutella zum Beispiel, dessen Erfindung wir dem Piemonter Konditor Pietro Ferrero zu verdanken haben. Bereits in den 1940er Jahren kam er auf die Idee, aus gerösteten Haselnüssen und Kakao einen süßen Brotaufstrich herzustellen. Die Idee kam beim Volk gut an, und der Siegeszug der „Supercrema" genannten Haselnusscreme war nicht mehr aufzuhalten.

Pietro Ferreros Nachfolger Michele widmete sich eifrig der weiteren Verfeinerung der Supercrema-Rezeptur. „Nutella", die Nuss-Nougat-Creme wie wir sie kennen, wird schließlich 1964 geboren. Ein Jahr später, 1965, finden sich die ersten Nutella-Gläser in den deutschen Supermarkt-regalen ein.

Es soll übrigens Männer geben, die sich mit dem Frühstücksbutterbrot noch eine Kindheitserinnerung ins harte Erwachsenenalter gerettet haben: Sie lassen sich ihre Brote, wie einst von Muttern, nun von ihren Freundinnen oder Frauen schmieren, die sie ihnen auf den Teller unter der Zeitung schieben ... Nur essen muss „mann" dann noch selbst.

Weißbrot mit Nutella und frischen Erdbeeren

Brotsorte: Weißbrot
Schmiermittel: Butter
Belag: Nutella
Das i-Tüpfelchen: frische Erdbeeren

Und so wird's gemacht:
Das Weißbrot mit möglichst weicher Butter schmieren. Dann dick Nutella auftragen. Die frischen Erdbeeren waschen und den grünen Stil entfernen. Größere Erdbeeren in Scheiben schneiden, die kleineren im Ganzen in das Nutella drücken.

Wer auf die Figur achten will, kann beruhigt sein: 100 g Erdbeeren haben nur rund 39 Kalorien. Untertroffen werden sie nur von roten Johannisbeeren (37), Zitronen (28) und Wassermelonen (24). Die Johannisbeeren können auch vom Geschmack bei diesem Rezept anstelle der Erdbeeren zum Einsatz kommen – von Zitronen und Wassermelonen sei hingegen abzuraten.

Frischkäse mit Orangenmarmelade

Brotsorte: Roggenmischbrot
Schmiermittel: Butter
Belag: Frischkäse
                    → Alternative
                    Hüttenkäse
Das i-Tüpfelchen: Orangenmarmelade
                    → Alternative
                    flüssiger Honig

Und so wird's gemacht:
Schnell, lecker und gar nicht mal so ungesund: Eine dicke Scheibe Roggenmischbrot dick mit Frischkäse beschmieren und Orangenmarmelade darauf verteilen. Und fertig ist das Butterbrot.

Tipp: Statt Marmelade schmeckt auch flüssiger Honig. Honig hat allerdings die Neigung, sich vom Brot davonstehlen zu wollen. Deshalb ist schnelles Essen angesagt, oder einfach zwischendurch tropfgefährdete Stellen ablecken.

Frühlingsbrot: Schwarzbrot mit Kräuterquark und Gurkenscheiben

Brotsorte: Schwarzbrot
Schmiermittel: Butter
Belag: Kräuterquark
Das i-Tüpfelchen: Gemüsegurke
                     → Alternative
                     Radieschen

Und so wird's gemacht:
Der Klassiker unter den Frühstücksbroten! Den Kräuterquark gibt es fertig zu kaufen. Wer jedoch keine Fertigware mag, mischt sich Naturquark mit frischen Kräutern und etwas Salz selber. Am besten schmeckt der hochprozentige Sahnequark, aber es geht auch fettarmer Magerquark (diesen kann man übrigens sehr gut mit ein wenig Wasser oder einem Spritzer Milch cremig rühren).

Zum krönenden Abschluss die Gurke in feine Streifen raspeln und auf dem Kräuterquarkbrot dekorieren. Alternativ schmecken auch Radieschen dazu.

Armer Ritter mit Schokosirup

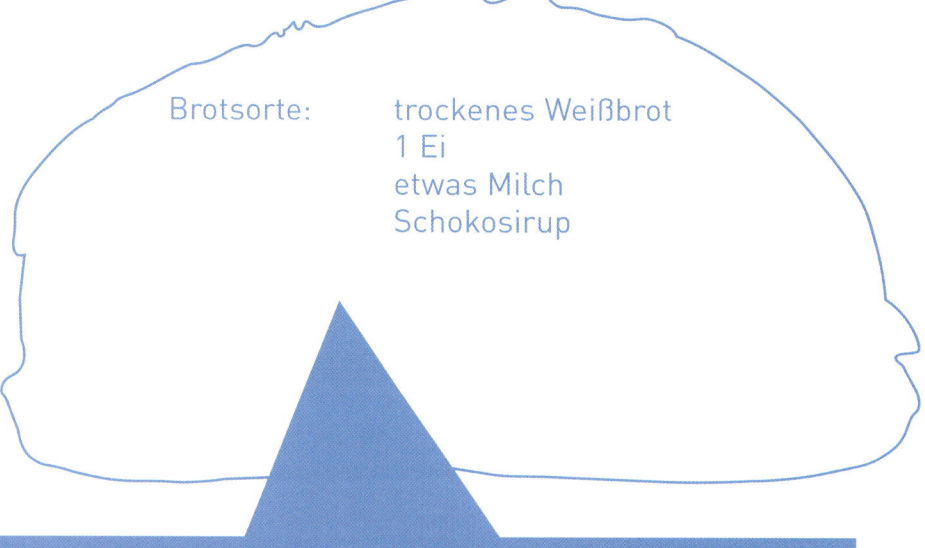

Brotsorte: trockenes Weißbrot
1 Ei
etwas Milch
Schokosirup

Und so wird's gemacht:

Das Ei mit etwas Milch verquirlen und in eine Pfanne geben. Die Weißbrotscheibe wird dann in der Eiermilch von beiden Seiten gebraten. Nehmen Sie das Brot aus der Pfanne, legen Sie es auf einen Teller und dekorieren Sie es großzügig mit Schokosirup.

Auf Finnisch heißen Arme Ritter „Köyhät ritarit". Als Rezeptvariante werden die ausgebackenen Weißbrotscheiben mit Schlagsahne und Preiselbeerpüree serviert. Die Milch kann auch mit etwas Fruchtsaft vermengt werden. Anstelle von Brotscheiben können auch Brötchen so verarbeitet werden. Dann werden aus den Armen Rittern „Kartäuserklöße". Zu filmischen Ehren kamen die Armen Ritter in dem Film „Kramer gegen Kramer" mit Meryl Streep und Dustin Hoffmann – eingangs endete ihre Zubereitung in einer kulinarischen Katastrophe, doch rund 90 Filmminuten später waren sie sternereif.

Für alle, die Arme Ritter einmal nicht süß essen wollen: Einfach die Milch durch leichten Weißwein, mit Tomatenmark und geriebenem Käse gewürzt, ersetzen. Dann sollte allerdings auch der Schokosirup einem grünen Salat weichen.

Pumpernickel mit Nutella, Frischkäse und Kirschmarmelade

Brotsorte:	Pumpernickel
Schmiermittel:	Frischkäse
Belag:	Nutella
Das i-Tüpfelchen:	Kirschmarmelade

Und so wird's gemacht:

Die Pumpernickelscheibe vorsichtig mit Frischkäse bestreichen. Darauf dann großzügig Nutella verteilen. Darüber die Kirschmarmelade mit möglichst ganzen Früchten geben.

Zugegebenermaßen ein etwas aufwändigeres Frühstücksbrot, dafür aber der ideale Ersatz zu den gebackenen Donauwellen – schmeckt nicht nur zum Frühstückskaffee!

Eibrot mit Lauchzwiebeln

Brotsorte:	Roggenbrot
Schmiermittel:	Butter
Belag:	Eier
Das i-Tüpfelchen:	Lauchzwiebeln
	frisch gemahlener
	schwarzer Pfeffer,
	etwas Salz

Und so wird's gemacht:

Als Erstes die Eier hart kochen (ca. 10 Minuten), dann unter kaltem Wasser abschrecken. Möglichst noch warm schälen. Entweder die Eier in Streifen schneiden oder würfeln. So viel Eimasse wie möglich auf dem gut gebutterten Roggenbrot verteilen, salzen und pfeffern.Die Lauchzwiebeln putzen, in Röllchen schneiden und auf die Eimasse geben.

Salami auf Graubrot mit Sauregurkefächern

Brotsorte:	Graubrot
Schmiermittel:	Butter
Belag:	Salami
Das i-Tüpfelchen:	saure Gurken

Und so wird's gemacht:

Bei der Salami sind Ihrer Fantasie keine Grenzen gesetzt: Schauen Sie sich mal an der Wursttheke Ihres Metzgers um, und Sie werden staunen, wie viele Salamisorten es gibt. Egal, ob Rindersalami oder Salami mit Pfefferkörnern – erlaubt ist, was schmeckt. Selbstverständlich dürfen Sie bei diesem Butterbrot die Salamisorten auch mischen.

Bei den Sauregurkenfächern ist ein wenig Kunstfertigkeit gefragt. Legen Sie die saure Gurke auf ein Brettchen, und halten Sie sie am linken Ende fest. Mit der rechten Hand greifen Sie zu einem scharfen Messer und schneiden die Gurke mehrfach bis kurz vorm Ende ein. Achtung – denken Sie an Ihre linke Hand. Dann drücken Sie die Gurke beherzt auseinander, bis Sie eine Fächerform erzielen.

Das Pausenbrot

Bereits im Spätmittelalter startete die Karriere des Pausenbrots: Lange Arbeitstage mit anstrengender, oft eintöniger Arbeit waren mit den üblichen zwei Hauptmahlzeiten nicht mehr durchzustehen. Ein Imbiss musste her, der sättigte und die Zeit bis zur nächsten warmen Mahlzeit überstehen half. Mit Butter bestrichene Brotscheiben waren die Antwort. Es dauerte nicht mehr lange, bis sich zur Butter der Käse gesellte – das moderne Pausenbrot war geboren. Später erweiterten Wurst, Schinken und kalter Braten das Belagangebot und machten so auch die Anforderungen des Industriezeitalters erträglicher. Zu den herzhaften Belagen ist zwar seit dem 18. Jahrhundert der süße Aufstrich hinzugekommen, aber ansonsten hat sich seit dem Einzug der Salzbutter Deutschlands Butterbrotessverhalten nicht wesentlich verändert. Und das ist gut so.

Klassisch kommt das Pausenbrot in der Schule oder im Büro zum Einsatz. Meistens handelt es sich um eine mit Schnittkäse, Schinken oder Aufschnitt wie Fleischwurst, Salami und Mortadella belegte Scheibe Graubrot, auf die eine zweite, ebenfalls gebutterte Brotscheibe kommt. Gesundheitsbewusste legen Salatblätter oder Gurkenscheiben zwischen das Brot. Wem der Balanceakt von Gurke, Möhre oder gerne auch

Tomatenscheibe beim Hantieren mit dem Butterbrot und vor allem beim herzhaften Hineinbeißen zu umständlich oder gar zu peinlich ist, sollte sich die klein geschnittene Rohkost in einer Frühstückstüte oder einem Tupperware-Behälter verpackt mit ins Büro nehmen. In Schulpausen erweisen sich diese von Mutter gut gemeinten Beigaben allerdings oft als hochgradige Peinlichkeit. Und wer von uns erinnert sich nicht heute noch mit Schrecken an diverse Montage oder erste Schultage nach den Ferien, an denen nur allzu bereitwillig vergessene Butterbrote wieder aus dem Dunkel des Schulranzens hervorgefischt wurden ...

Der Einsatz des Butterbrotes in Form des Pausensnacks beschränkt sich natürlich nicht nur auf die mobile Variante. Mit dem stationären Einsatz zu Hause ergeben sich zahlreiche Möglichkeiten der Dekoration mit Obst und Gemüse. Nicht zu verachten ist übrigens auch der Verzehr von für Büro oder Reise geschmierten Pausenbroten am Abend danach zu Hause – diese „Hasenbrote" genannten Überbleibsel des vergangenen Tages erfreuen sich einer besonderen Note: Brot, Butter und Aufschnitt sind geschmacklich irgendwie eine Einheit eingegangen.

Ruccola und Entenbraten auf Weißbrot

Brotsorte:	Weißbrot
Schmiermittel:	Tomatenpüree
Das i-Tüpfelchen:	Ruccola, kalter Entenbraten und etwas Parmesan

Und so wird's gemacht:

Das Weißbrot mit Tomatenpüree oder wahlweise gehackten Tomaten bestreichen, etwas salzen und pfeffern, die Knoblauchzehe darüber ausdrücken. Mit Ruccola und kaltem Entenbraten belegen. Sollten Sie keinen kalten Entenbraten vorrätig haben, können Sie natürlich eine Entenbrust, nach Geschmack mit Honig bestrichen, rosa braten und noch warm in Scheiben geschnitten auf das Brot legen. Parmesan darüber raspeln.

Wenn Sie möchten, können Sie das so belegte Brot kurz unter den Grill stellen.

Kürbis und Feta mit Kräuterbutter auf Kartoffelbrot

Brotsorte: Kartoffelbrot
Schmiermittel: Kräuterbutter
→ bestehend aus:
45 g Butter
1 EL frischer Schnittlauch, gehackt
1 EL frische Petersilie, gehackt

Belag: Kürbis-Kartoffel-Püree
→ bestehend aus:
250 g Kürbisfleisch
125 g Kartoffeln

Das i-Tüpfelchen: Fetawürfel und Schnittlauch

Und so wird's gemacht:

Stellen Sie aus Butter und Kräutern eine Kräuterbutter her, die Sie dünn auf das Kartoffelbrot streichen.

Das mit etwas Salz weich gekochte Kartoffel- und Kürbisfleisch pürieren. Dann die Masse in eine Spritztüte geben und Muster auf die Kräuterbutter spritzen.

Darauf kommt der gewürfelte Feta. Alles mit Schnittlauch dekorieren und mit frisch gemahlenem schwarzen Pfeffer würzen.

Ciabatta mit Pesto, Schinken und Parmesan

Brotsorte:	Ciabatta
Schmiermittel:	Pesto
Belag:	Schinken
Das i-Tüpfelchen:	Parmesan

Und so wird's gemacht:
   Einfacher geht's wirklich nicht: Die Scheibe Ciabatta mit Pesto bestreichen, Schinken (zum Beispiel Parmaschinken) darauf legen und das Ganze mit geriebenem Parmesan bestreuen.

Pesto gibt es natürlich in verschiedenen Varianten in Gläsern zu kaufen. Man kann diese grüne italienische Sauce auch selber machen. Was nicht zur Butterbrotbereitung verarbeitet wird, schmeckt auch zu jeglicher Art von Pasta.

Für ein klassisches **Pesto genovese** benötigen Sie:
   2 gehäufte EL Petersilie, 2 gehäufte EL frisches Basilikum, 2 bis 3 Knoblauchzehen (geschält), 50 g geriebenen Parmesan, 100 g frischen Schafskäse (Pecorino) oder Mozarella, 3 bis 4 EL Olivenöl, 1 Msp. weißen Pfeffer, ein wenig Zitronensaft, 80 g Pinienkerne, fein gerieben.
   Alle Zutaten im Mixer bei reduzierter Geschwindigkeit ganz fein zerkleinern. Nach spätestens 3 Minuten sollten Sie eine dicke, schwere grüne Sauce haben, die sich im Kühlschrank – mit Öl bedeckt – gut 10 Tage aufbewahren lässt.

Rustikales Bauernbrot mit Bacon und Hähnchenbrust

Brotsorte: Rustikales Bauernbrot
Schmiermittel: grobkörniger Senf
Belag: Salatblatt (z.B. Lollo Rosso),
                    gekrönt von Bacon
                    (gebratene Speckstreifen)
Das i-Tüpfelchen: gebratene Hähnchenbrust

Und so wird's gemacht:
Die Brotscheibe mit grobkörnigem Senf bestreichen und mit einem Salatblatt bedecken. Darauf zuerst den Bacon und dann die in Streifen geschnittene Hähnchenbrust anrichten und mit etwas grobkörnigem Senf dekorieren.

Graubrot mit vegetabiler Paste und Sojasprossen

Brotsorte: Graubrot
Belag: vegetabile Paste
Das i-Tüpfelchen: Sojasprossen

Und so wird's gemacht:
    Das Graubrot mit der vegetabilen Paste bestreichen. Darüber die Sojasprossen verteilen – und fertig ist der schnelle Pausensnack.

Vegetabile Pasten eignen sich nicht nur für Vegetarier. Es gibt sie inzwischen in allen möglichen Geschmacksrichtungen, und sie sind unter Garantie gesünder als so manche Wurst ...

Dunkles Körnerbrot
mit Salsa

Brotsorte: Graubrot
Schmiermittel: Butter
Belag: Salsa
                     → bestehend aus:
                     1 Tomate, entkernt, fein gewürfelt
                     2 Frühlingszwiebeln, klein geschnitten
                     1 kleine rote Zwiebel, fein gewürfelt
                     1 Chilischote, klein gehackt
                     1 EL frische Minze, gehackt
                     1 EL Weißweinessig

Und so wird's gemacht:
    Alle Zutaten gut miteinander mischen, mit etwas frischem Pfeffer abschmecken.
    Das Körnerbrot mit Sauerrahm bestreichen, Salsa darauf arrangieren und mit frischen Minzeblättern dekorieren.

Das Abendbrot

Wenngleich sich heute in vielen Haushalten längst nicht mehr die ganze Familie am Abend um den Esstisch versammelt, ertappt man doch auch viele Singles beim sorgsamen Zubereiten ihres Abendbrotes – sei es aus sentimentalen Gründen der Erinnerung an das allabendliche Zusammentreffen mit Eltern und Geschwistern oder einfach wegen des unkomplizierten, dabei jedoch sehr abwechslungsreichen Genusses, den ein kreativ belegtes Butterbrot bietet. Auch in vielen Wohngemeinschaften ist man dieser Tradition nicht untreu geworden. Schließlich gibt es nichts Geselligeres, als sich am reichlich gedeckten Abendbrottisch über die Erlebnisse des Tages auszutauschen.

Wer sich zu Hause nicht gerne eine große Auswahl an Aufschnitt in den Kühlschrank legt, kann der Vielfalt in Kneipen oder Weinlokalen frönen: Ob Winzerteller oder Käseplatte – die Unterlage biegt sich unter dem Angebot von Bergkäse, Brie und Gouda oder Blut- und Leberwurst.

Manch einem mag das alles zu altmodisch oder gar spießig sein. Aber ein Butterbrot muss ja schließlich nicht per Definition mit Käsescheiben oder Blutwurst belegt werden. Es geht auch anders, innovativer und spannender. Wer's nicht glaubt, sollte sich die nachfolgenden Rezepte einmal näher anschauen.

Körnerbrot mit fischigen Avocado-Scheiben

Brotsorte:	Körnerbrot
Schmiermittel:	Frischkäse
Belag:	Avocadoscheiben mit rohen Thunfischfilets
Das i-Tüpfelchen:	rote Zwiebelringe frisch gemahlener schwarzer Pfeffer

Und so wird's gemacht:

Zunächst das Körnerbrot mit Frischkäse bestreichen. Dann Avocadoscheiben und rohe Thunfischfilets darauf arrangieren. Zum Abschluss eine rote Zwiebel in Ringe schneiden und damit die fischigen Avocados dekorieren und mit frisch gemahlenem schwarzen Pfeffer würzen.

Vollkornbrot mit Edelpilzkäse und Birnenspalten

Brotsorte: Vollkornbrot
Schmiermittel: Butter
Belag: Edelpilzkäse
Das i-Tüpfelchen: Birnenspalten

Und so wird's gemacht:
Auf der Scheibe Vollkornbrot zunächst die Butter, dann den Käse großzügig verteilen. Anschließend eine saftige Birne schälen, entkernen und in Spalten geschnitten auf dem Käse dekorieren.

Wenn Sie vermeiden wollen, dass der Käse mit den blauen Adern beim Anschneiden krümelt, sollten Sie das Käsemesser kurz vorher in heißes Wasser tauchen.
Statt der Birnenspalten können Sie auch Weintrauben und Walnüsse zur Dekoration verwenden. Oder wie wäre es mal mit Preiselbeeren?

Krabben mit Speck
auf Schwarzbrot

Brotsorte: Roggenbrot
Schmiermittel: Crème fraîche
Das i-Tüpfelchen: Nordseekrabben

                     außerdem brauchen Sie:
                     eine Scheibe Speck,
                     frischen Pfeffer aus der
                     Mühle und Alfalfa-

Sprossen

                     oder Brunnenkresse.

Und so wird's gemacht:
Die Scheibe Speck würfeln und in der Pfanne knusprig braten. Das Roggenbrot mit Crème fraîche bestreichen und frisch gemahlenen Pfeffer aus der Mühle darüber geben. Speckwürfel darauf anrichten und Krabben großzügig darüber verteilen. Zum Abschluss mit Alfalfa-Sprossen oder Brunnenkresse dekorieren.

Weißbrot mit gebackenem Ziegenkäse und Feigenscheiben

Brotsorte: Weißbrot
Schmiermittel: Butter
Belag: gebackener Ziegenkäse
Das i-Tüpfelchen: Feigenscheiben

Und so wird's gemacht:

Das Weißbrot im Toaster oder Backofen kurz toasten. Ziegenkäse in einer Teflonpfanne ohne Fett weich werden lassen. In der Zwischenzeit frische Feigen mit einem scharfen Messer vierteln oder in Scheiben schneiden. Den Ziegenkäse auf dem gebutterten Weißbrot arrangieren – er kann gerne auch eingeschnitten werden – und mit den Feigenstücken dekorieren.

Pumpernickel mit Reibekuchen und Lachs

Brotsorte: Pumpernickel
Schmiermittel: Butter oder
                        Crème fraîche
Aufstrich: Reibekuchen,
                        → dazu benötigen Sie:
                        1 kg geriebene Kartoffeln
                        2 Eier
                        1 geriebene Zwiebel
                        ca. 50 g Mehl, Salz
                        Fett oder Öl zum Backen
Das i-Tüpfelchen: Räucherlachs
                        Schnittlauch

Und so wird's gemacht:

Zuallererst müssen Sie die **Reibekuchen** backen: Die rohen Kartoffeln reiben, abtropfen lassen und sofort mit den übrigen Zutaten zu einem Brei verarbeiten. Fett oder Öl in der Pfanne heiß werden lassen, den Teig löffelweise hineingeben und dünn ausstreichen, von beiden Seiten goldgelb backen.

Die hier angegebene Menge reicht für 4 Personen!

Den Pumpernickel mit Butter oder Crème fraîche bestreichen, die noch warmen Reibekuchen darauf legen. Dann den Räucherlachs dekorativ darüber arrangieren und mit Schnittlauchröllchen dekorieren.

Blauschimmelkäse mit getrockneten Aprikosen auf Kommissbrot

Brotsorte: Kommissbrot
Belag: Blauschimmelkäsecreme mit getrockneten Aprikosen → bestehend aus:
100 g Blauschimmelkäse (z. B. Bavaria Blue)
100 g Frischkäse
24 getrocknete Aprikosenhälften (ca. 130 g)
1/2 TL grüne Pfefferkörner aus dem Glas
2 TL frischer Basilikum, gehackt
Das i-Tüpfelchen: 6 entkernte schwarze Oliven, geviertelt
Basilikum zur Dekoration

Und so wird's gemacht:

Blauschimmelkäse und Frischkäse mit dem Mixer cremig rühren. Ca. 15 bis 20 Aprikosenhälften klein hacken und unter die Käsecreme mischen. Pfefferkörner und gehacktes Basilikum unterheben.

Kommissbrot mit etwas Käsecreme bestreichen. Die übrigen Aprikosenhälften darauf anrichten. Die restliche Käsecreme in eine Spritztüte geben und Häufchen auf die Aprikosenhälften spritzen. Mit Basilikumblättern und jeweils zwei Olivenvierteln dekorieren.

Petersilien-Anchovis auf getoastetem Weißbrot

Brotsorte: Weißbrot
Schmiermittel: 60 g Butter und 1 EL Öl
Belag: Petersilien-Anchovis
                     → bestehend aus:
                     1/2 Zwiebel, gewürfelt
                     1 EL Kapern
                     2 Anchovis-Filets, gewür-
felt

                     125 g glattblättrige
                     Petersilie, fein gehackt
                     1 EL Zitronensaft
                     70 ml Olivenöl
                     6 entkernte schwarze
                     Oliven, fein gehackt

Und so wird's gemacht:
Alle Zutaten für die Petersilien-Anchovis vermengen und einige Stunden im Kühlschrank kalt stellen. In der Zwischenzeit die Butter schmelzen, mit dem Öl vermischen und das Weißbrot damit einreiben, bei 180° C für 5 Minuten toasten. Zum Abschluss einfach die Petersilien-Anchovis darauf anrichten.

Die Klassiker

Die Klassiker unter den Butterbroten kennt man von klein auf. Eine Scheibe Brot, etwas oder viel Butter, je nach Geschmack, und darauf die Scheibe Fleischwurst, Salami oder Käse. Das weckt Kindheitserinnerungen. An der Wursttheke gab es von der freundlichen Verkäuferin eine Scheibe Wurst in die Kinderfaust, und zu Hause wurde die Drängelei nach etwas Essbarem mit einem Butterbrot auf die Hand gestillt.

Klassische Schnittchen kommen ohne großes Brimborium daher. Man muss nicht stundenlang im Supermarkt in der Abteilung für „Exotisches" nach irgendwelchen Zutaten fahnden,

deren Namen man noch nie
gehört hat, geschweige
denn aussprechen kann. Im
Grunde genommen reicht
ein Blick in den Kühlschrank
für die folgenden Kreationen.
Frisches oder eingelegtes
Gemüse wie Sauerkraut,
Gürkchen, Paprika, Zwiebeln
oder Knoblauch als Deko
auf Wurst und Käse oder der
Einfachheit halber zum
Reinbeißen neben dem Brot –
fertig ist der Klassiker.
Die einfache Zubereitung
überzeugt sogar besonders
Eilige, die sich ansonsten
eigentlich nur dem wenig
nahrhaften Verzehr von
Fast Food widmen.

Roggensauerbrot mit Mettwurst, darauf Schnitze aus grüner Paprika

Brotsorte:	Roggensauerbrot
Schmiermittel:	Butter
Belag:	Mettwurst
	(grobe Streichwurst)
Das i-Tüpfelchen:	frische grüne Paprika

Und so wird's gemacht:

Die Mettwurst sollte großzügigst auf dem gebutterten Roggensauerbrot verteilt werden. Die grüne Paprika waschen, das Innenleben entfernen und den Rest in feine Streifen schneiden. Diese Paprikaschnitze quer zur Essrichtung in die Mettwurst drücken, damit sie beim Reinbeißen nicht herunterfallen.

Möglicherweise kann Ihr Metzger mit dem Begriff „Mettwurst" nichts anfangen oder gibt Ihnen etwas, das die Norddeutschen klein geschnitten zum Grünkohl servieren. Wir reden hier von einer groben Streichwurst, die im Osten der Republik auch schon mal mit Kümmel gewürzt daherkommt (und dort als Knackwurst bekannt ist ...). Alternativ können Sie auch Teewurst auf Ihr gebuttertes Roggensauerbrot geben. Wer's nicht grob mag, kann natürlich grundsätzlich auch zur Feinen greifen.

Rohe Paprika ist bekanntlich auch nicht jedermanns Sache. Sie sind zwar sehr gesund und enthalten viele Vitamine (Dr. Albert Szent-Györgyi erhielt 1937 den Nobelpreis für Medizin – er hatte es geschafft, Vitamin C aus Gemüsepaprika zu isolieren), aber so manchem liegen sie doch etwas schwer im Magen. Dabei sind die gelben, orangen und roten Schoten verträglicher als die grünen.

Eine Alternative ist die Pfefferschote, auch als Chili bekannt. Aber Achtung – das Zeug kann höllisch scharf sein!

Wer um Paprika und Chili lieber einen Bogen schlägt, kann sein Mettwurst-Butterbrot auch mit Senf verfeinern.

Roastbeef mit Honigzwiebel-knoblauch auf Weißbrot

Brotsorte: Weißbrot
Schmiermittel: Butter/körniger Senf
Belag: Roastbeef
Das i-Tüpfelchen: Honigzwiebelknoblauch
                      → bestehend aus:
                      1 Knoblauchzehe
                      1/2 Zwiebel,
                      in Ringe geschnitten
                      1 EL Öl
                      1 EL Honig

Und so wird's gemacht:
Den Knoblauch fein hacken und zusammen mit den Zwiebelringen in Öl dünsten. Dann den Topf vom Herd nehmen und den Honig unterrühren.
Im nächsten Arbeitsgang 60 g Butter schmelzen. Weißbrot damit bestreichen, auf ein Backblech legen, bei 180 bis 190° C ca. 10 Minuten im vorgeheizten Ofen bräunen. Weißbrot aus dem Ofen nehmen, mit körnigem Senf bestreichen. Roastbeef darauf geben, mit Honigzwiebelknoblauch dekorieren, bei 180° C 5 Minuten backen.

Fleischwurst auf Weizen-
mischbrot mit Eischeiben
und Mayopunkten

Brotsorte: Weizenmischbrot
Schmiermittel: Butter
Belag: Fleischwurst
Das i-Tüpfelchen: 1 bis 2 Eier
                    Mayonnaise

Und so wird's gemacht:

Belegen Sie die gebutterte Weizenmischbrot-scheibe großzügig mit Fleischwurst. Wenn Ihr Metzger Fleischwurst am Stück verkauft, um so besser, denn dann können Sie sich selber richtig dicke Scheiben schneiden. In der Zwischenzeit ein bis zwei Eier hart kochen (ca. 10 Minuten), mit kaltem Wasser abschrecken, schälen und in Scheiben schneiden. Diese Eierscheiben auf der Fleischwurst verteilen und mit Mayo aus der Tube oder löffelweise aus dem Glas verzieren. Künstlerischen Ambitionen sind hier keine Grenzen gesetzt. Gut macht sich ein Mayopunkt in der Mitte des Eigelbs.

Mayonnaise ist eine Erfindung des 18. Jahrhunderts – da sind sich die meisten Geschichtswissenschaftler einig. 1757 wurde die Sauce aus Eigelb, Zitronensaft oder Essig, Salz, Pfeffer und Öl erstmals auf der Tafel des Marshalls von Richelieu serviert. Der Herzog, der nicht nur Soldat, sondern auch Feinschmecker war, wollte damals die Einnahme des Hafens Mahón auf der Baleareninsel Menorca feiern. Man trug daher eine „mahonnaise" auf, aus der später die Mayonnaise wurde.

Und so kann man sie ganz leicht selber machen:

1 Eigelb, 1 TL Essig (oder 1 1/2 TL Zitronensaft), 1/2 TL feines Salz und Pfeffer aus der Mühle in einer Schüssel kräftig schlagen, bis die Masse steif wird. Dann 2 TL Öl hinzugeben und gleichmäßig weiter rühren. Weitere 20 ml Öl langsam und ohne Unterbrechung unter ständigem Rühren einlaufen lassen. Die Sauce sollte sich zunehmend versteifen. Wenn Sie nach dem Abschmecken noch etwas Essig oder Zitronensaft hinzufügen wollen, dann bitte nur tropfenweise. Auf keinen Fall dürfen Öl oder Ei zu kalt sein, sonst gerinnt die Mayonnaise. Statt Essig kann man übrigens auch Senf nehmen. Frisch zubereitete Mayonnaise hält sich selbst im Kühlschrank nicht länger als 1 bis 2 Tage und sollte daher am besten noch am selben Tag gegessen werden. Also: stets nur kleine Portionen vorbereiten!

Helles Graubrot mit Roastbeef und Remoulade

Brotsorte:	Helles Graubrot
Schmiermittel:	Butter
Belag:	Roastbeef
Das i-Tüpfelchen:	Remoulade

Und so wird's gemacht:

Das Roastbeef sollte möglichst frisch sein – ein zartes Rosa verspricht Hochgenuss. Es handelt sich dabei um in dünne Scheiben geschnittenes Rumpsteak aus dem Rinderrücken, das nur kurz gebraten sein sollte. Legen Sie mehrere Scheiben auf das Graubrot und dekorieren Sie nach Geschmack und Laune mit Remoulade.

Bei **Remoulade** handelt es sich um eine verfeinerte Mayonnaise. Sie gibt es aus der Tube im Supermarkt, aber auch hier kann man selbst zur Tat schreiten.

Sie brauchen für 4 Personen: 200 g Mayonnaise, 1 EL Zitronensaft, 1 TL Kapern, fein gehackt, 1 EL frische Kräuter, fein gehackt, 1 Msp. Sardellenpaste, evtl. 1 bis 2 kleine Gewürzgurken, fein gehackt, evtl. 1 Schalotte, fein gerieben.

Alle Zutaten werden unter die fertige Mayonnaise (s. Seite 72) gerührt. Dann lassen Sie alles mindestens 10 Minuten ziehen und schmecken dann ab. Die Sauce Remoulade sollte cremig sein und pikant schmecken.

Eine Alternative ist die **Preiselbeersauce**: Dafür werden 100 g eingelegte Preiselbeeren durch ein Sieb passiert und mit 60 g bitterer Orangenmarmelade verrührt. Dann geben Sie 1 TL Senf, 1 Msp. Salz und eine Prise weißen Pfeffer hinzu. 1 bis 2 EL guter Rotwein und 1 EL Cognac geben der Preiselbeersauce den Geschmack und die richtige Konsistenz.

Leberwurstbrot
mit Sauerkraut

Brotsorte:	kräftiges Bauernbrot
Schmiermittel:	ob ja oder nein – das ist in diesem Falle eine Glaubensfrage!
Belag:	gut gewürzte Pfälzer Leberwurst
Das i-Tüpfelchen:	Sauerkraut

Und so wird's gemacht:

Schneiden Sie sich eine dicke Scheibe vom kräftigen Bauernbrot ab und streichen Sie so viel Leberwurst darauf, wie es nur irgend geht. Am besten schmeckt die Pfälzer Leberwurst, wenn sie möglichst frisch ist. Das erkennen Sie an der Farbe der angeschnittenen Wurst: Das Wurstinnere sollte möglichst rosa sein.

Der Gipfel des Genusses kommt mit dem frischen Sauerkraut: Dieses sollte reichlich über die Pfälzer Leberwurst drapiert werden.

Ob zwischen Brot und Leberwurst eine Lage Butter oder Schmalz gehört, an dieser Frage scheiden sich die Geister. Ich persönlich gehöre der schmiermittellosen Partei an, wäre aber bereit, Schmalz zu dulden. Es gibt aber Menschen, die nur mit einer dicken Schicht Butter glücklich werden können.

Da wir der Meinung sind, dass jeder Mensch nach seiner eigenen Fasson selig werden sollte, schlagen wir vor, Sie probieren einfach aus, ob Sie ein Leberwurstpurist sind.

Schwarzbrot mit Allgäuer Emmentaler und Rübenkraut

Brotsorte: Schwarzbrot
Schmiermittel: Butter
Belag: Allgäuer Emmentaler
Das i-Tüpfelchen: Rübenkraut

Und so wird's gemacht:
Zunächst einmal das Schwarzbrot dick mit Butter bestreichen. Dann noch dicker mit Käse belegen. Die Scheiben können gerne überlappen. Zum krönenden Abschluss Rübenkraut teelöffelweise über den Käse tropfen. Anhänger von Geduldsspielen können auch versuchen, die Löcher im Käse mit dem Rübenkraut zu füllen.

Tipp: Schnell essen, damit das Rübenkraut auf dem Käsebrot bleibt und nicht den Abgang über den Handrücken macht.

Die Abkürzungen in den
Rezepten bedeuten:
EL = Esslöffel
TL = Teelöffel
Msp. = Messerspitze

Die Deutsche Bibliothek –
CIP-Einheitsaufnahme

Kößling, Elke: Das Buch vom Butterbrot /
Elke Kößling. - Köln : vgs, 2002
ISBN 3-8025-1500-5

Redaktion: Michael Büsgen
Bildredaktion: Katja Fauth
Fotos: Cornelis Gollhardt, Köln/
Stephan Wieland, Düsseldorf
Umschlaggestaltung,
Layout und Satz: Christa Marek, Köln
Produktion: Susanne Beeh
Printed in Spain
ISBN 3-8025-1500-5

Besuchen Sie unsere Homepage
www.vgs.de

DEUTSCHLAND HAT GESCMACK. CMA
Bestes vom Bauern.

ICH LASS MIR
NICHT DIE BUTTER
VOM BROT NEHMEN.